DIREÇÃO:

Jiba Bruin

AUTORA:

Anne Carolina de Souza

REVISÃO:

Mariana Paixão

PROJETO GRÁFICO:

Andiara Corcioli

ILUSTRAÇÃO:

Ricardo Tokumoto

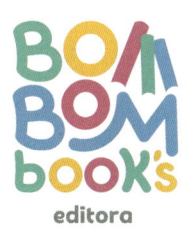

PEDRINHO ERA UMA TÍPICA CRIANÇA DE OITO ANOS DE IDADE. GOSTAVA DE JOGAR FUTEBOL, DE ROLAR NA GRAMA, DE CONSTRUIR CASTELOS DE AREIA E DE FAZER BOLINHAS DE LAMA.
A ÚNICA DIFERENÇA DE PEDRINHO ERA QUE HÁ DOIS ANOS ELE NÃO TOMAVA BANHO.

NO DIA DO SEU ANIVERSÁRIO DE SEIS ANOS, COM TODOS OS SEUS AMIGOS EM VOLTA DA MESA, PEDRINHO FECHOU OS OLHOS E DESEJOU QUE NEM A SUA MÃE E NEM NINGUÉM NUNCA MAIS O MANDASSE TOMAR BANHO. SERIA UM SONHO PODER CONTINUAR BRINCANDO ENQUANTO SEUS AMIGOS ERAM ARRASTADOS PELAS MÃES RUMO AO CHUVEIRO.

DESEJO FEITO, O MENINO SOPROU COM FORÇA AS SEIS VELINHAS QUE ENFEITAVAM SEU BOLO DE ANIVERSÁRIO.

FOI ENTÃO QUE, DEPOIS DAQUELE DIA, PEDRINHO NÃO MAIS TOMOU BANHO. NO INÍCIO, TODOS OS AMIGOS DO MENINO ADORARAM A IDEIA E DESEJARAM O MESMO, MAS LOGO OS DIAS SEM BANHO SE TORNARAM MESES E, DE REPENTE, PEDRINHO COMPLETAVA OITO ANOS DE IDADE.

A SUJEIRA E O CHEIRO RUIM QUE VINHAM DE PEDRINHO DERAM A ELE NOVOS AMIGOS: UM GRUPO DE MOSQUITOS QUE VOAVAM AO SEU REDOR, FAZENDO UM BARULHO DANADO, E UMA FAMÍLIA COMPLETA DE PIOLHOS, QUE AGORA MORAVAM FELIZES NA SUA CABEÇA.

OS VELHOS AMIGOS JÁ NÃO O PROCURAVAM MAIS. TODO AQUELE MAU CHEIRO E A APARÊNCIA SUJA E EMPOEIRADA SE TORNARAM INSUPORTÁVEIS PARA QUALQUER PESSOA QUE SE APROXIMASSE DO MENINO. NA ESCOLA, O PEQUENO PASSOU A SER CHAMADO PELOS COLEGAS DE "PEDRINHO PODRINHO". NINGUÉM O QUERIA NO TIME DE FUTEBOL, NEM NOS GRUPOS DOS TRABALHOS EM CLASSE E NEM MESMO SE SENTAR AO LADO DELE.

MAS PEDRINHO NÃO SE IMPORTAVA. ELE PODERIA SOLTAR PIPA, JOGAR VIDEOGAME OU BRINCAR COM OS SEUS BRINQUEDOS, ENQUANTO AS OUTRAS CRIANÇAS PERDIAM O PRECIOSO TEMPO DAS BRINCADEIRAS TOMANDO BANHO.

ERA MUITO MAIS DIVERTIDO BRINCAR DO QUE SE LAVAR.

NAQUELE ANO, A ESCOLA DO MENINO REALIZOU UM CAMPEONATO DE FUTEBOL. A PARTICIPAÇÃO DE TODOS OS ALUNOS ERA OBRIGATÓRIA E, MESMO COM AS RECLAMAÇÕES DOS COLEGAS DE CLASSE, PEDRINHO ENTROU PARA O TIME.

LOGO NO PRIMEIRO JOGO, PEDRINHO FEZ UM GOLAÇO! DRIBLOU UM, DRIBLOU DOIS, DRIBLOU O GOLEIRO E ACERTOU A BOLA BEM NO ÂNGULO. O MENINO CORREU FELIZ PARA ABRAÇAR OS COLEGAS DE TIME, MAS TODOS CORRERAM DELE. NINGUÉM QUERIA GANHAR UM ABRAÇO DO PEDRINHO PODRINHO.

SENTINDO-SE SÓ, PEDRINHO NÃO QUERIA MAIS BRINCAR COM SEUS BRINQUEDOS. SOLTAR PIPA SOZINHO JÁ NÃO TINHA MAIS GRAÇA E CONSTRUIR CASTELOS DE AREIA SE TORNOU ALGO MUITO CHATO. SENTADO SOZINHO NO BANCO, O MENINO OLHAVA DE LONGE AS OUTRAS CRIANÇAS BRINCAREM DE PEGA-PEGA. FOI QUANDO UMA TRISTEZA ENORME TOMOU CONTA DO SEU CORAÇÃO.

NO CAMINHO DE VOLTA PARA CASA, ELE VIU A SUA IMAGEM REFLETIDA NA VITRINE DE UMA LOJA E TOMOU UM BAITA SUSTO. SUA PELE ESTAVA TODA SUJA, SEU CABELO ENSEBADO, SUAS UNHAS RETAS E MUITO FEIAS. QUEM ERA AQUELE MENINO? PEDRINHO NÃO SE RECONHECIA MAIS E CORREU DE VOLTA PARA A SUA CASA.

CHEGANDO LÁ, ABRAÇOU A SUA MÃE, QUE, TAMPANDO O NARIZ PARA SUPORTAR O MAU CHEIRO DO FILHO, DISSE A ELE QUE TOMAR BANHO PODERIA SER ALGO MUITO DIVERTIDO. ENTÃO, ELA FOI ATÉ O BANHEIRO, ENCHEU A BANHEIRA COM ÁGUA BEM QUENTINHA, PEGOU ALGUNS BARQUINHOS E UM SUBMARINO DE BRINQUEDO DO PEDRINHO E CHAMOU O FILHO.

SEM RESISTIR, PEDRINHO ENTROU NA BANHEIRA E COMEÇOU A ESFREGAR TODA A SUJEIRA QUE COBRIA O SEU CORPO. ESFREGOU SEUS PÉS, SUAS PERNAS, SUA BARRIGA, SEU PESCOÇO, LAVOU ATRÁS DAS ORELHAS... ESFREGOU, ESFREGOU E ESFREGOU. OS CABELOS FORAM LAVADOS, AS UNHAS CORTADAS, OS DENTES ESCOVADOS E, QUANDO O MENINO SE OLHOU NO ESPELHO, DEU UM SORRISO ENORME.

BRILHANDO COMO NUNCA, PEDRINHO FOI PARA A CAMA. OUVIU UMA HISTÓRIA, GANHOU UM BEIJO DA SUA MÃE E DORMIU O MELHOR SONO DA SUA VIDA.

NO DIA SEGUINTE, PEDRINHO FOI A SENSAÇÃO DA ESCOLA. TODOS HAVIAM SE ESQUECIDO DO TANTO QUE O MENINO ERA BONITO. O CABELO, AGORA PENTEADO, LAVADO E CORTADO, BRILHAVA COM O SOL. NAQUELE DIA, ELE FEZ TRÊS LINDOS GOLS NO JOGO E FOI PREMIADO, AO FINAL DO CAMPEONATO, POR TER SIDO O ARTILHEIRO DA COMPETIÇÃO. FELIZES COM A VITÓRIA, OS COLEGAS DE TIME O ABRAÇARAM E TODOS COMEMORARAM.

PEDRINHO DESCOBRIU QUE TOMAR BANHO É, SIM, MUITO DIVERTIDO. AGORA, ELE É O MENINO MAIS LIMPO DA ESCOLA, GANHA ABRAÇOS DA MÃE E ATÉ ARRUMOU UMA NAMORADA! E OS PIOLHOS QUE MORAVAM NA CABEÇA DELE? AH, ESSES SE MUDARAM PARA A CABEÇA SUJA DO VIZINHO QUE NÃO TOMA BANHO HÁ CINCO DIAS!